ISBN 978-0-364-53500-4
PIBN 11340522

1 MONTH OF FREE READING

at

www.ForgottenBooks.com

By purchasing this book you are eligible for one month membership to ForgottenBooks.com, giving you unlimited access to our entire collection of over 1,000,000 titles via our web site and mobile apps.

To claim your free month visit:
www.forgottenbooks.com/free1340522

English
Français
Deutsche
Italiano
Español
Português

www.forgottenbooks.com

Mythology Photography **Fiction**
Fishing Christianity **Art** Cooking
Essays Buddhism Freemasonry
Medicine **Biology** Music **Ancient**
Egypt Evolution Carpentry Physics
Dance Geology **Mathematics** Fitness
Shakespeare **Folklore** Yoga Marketing
Confidence Immortality Biographies
Poetry **Psychology** Witchcraft
Electronics Chemistry History **Law**
Accounting **Philosophy** Anthropology
Alchemy Drama Quantum Mechanics
Atheism Sexual Health **Ancient History**
Entrepreneurship Languages Sport
Paleontology Needlework Islam
Metaphysics Investment Archaeology
Parenting Statistics Criminology
Motivational

DIE
HAUBERGSWIRTSCHAFT.

IHR WESEN, IHRE GESCHICHTLICHE ENT-
WICKLUNG UND IHRE REFORMBEDÜRFTIGKEIT.

AUF GRUND DER VERHÄLTNISSE IM KREISE
OLPE I. W.

~~~

INAUGURAL-DISSERTATION

DER

PHILOSOPHISCHEN FAKULTÄT

DER

UNIVERSITÄT JENA

ZUR

ERLANGUNG DER DOCTORWÜRDE

VORGELEGT

VON

ALEX KLUTMANN

OLPE I. W.

———•◆•———

VERLAG VON GUSTAV FISCHER IN JENA
1905.

Genehmigt von der philosophischen Fakultät der Universität Jena auf Antrag des Herrn Professor Dr. Pierstorff.

Jena, den 6. März 1905.

Prof. Dr. **Eucken,**
z. Zt. Dekan.

Mit Genehmigung der hohen Fakultät erscheint hier nur ein Teil der eingereichten Arbeit. Die ganze Abhandlung **erscheint** im **Verlage von Gustav Fischer** in Jena als erstes Heft des II. Bd. der Abhandlungen des Staatswissenschaftlichen Seminars, herausgegeben von Prof. Dr. Pierstorff.

Inhaltsverzeichnis

der vollständigen Abhandlung.

IV

Dritter Abschnitt.
Die Bedeutung der Haubergswirtschaft.

Die Haubergswirtschaft.

A. Die Entwicklung der Haubergswirtschaft bis zum Erlaß des hessischen Forstgesetzes im Jahre 1810.

Der Privatmann hat im allgemeinen seinen Grund und Boden so zu eigen, daß er damit nach Belieben schalten und walten kann. Anders ist es bei den Haubergsgenossenschaften; alle Hauberge gehören einer Anzahl von Privatpersonen gemeinschaftlich. Jeder Teilhaber dieser Gemeinschaft hat nur das Recht einen Teil der Hauberge, dessen Größe sich nach seiner Anteilberechtigung richtet, beanspruchen zu können. Eine solche Personengemeinschaft nennt man Haubergsgenossenschaft oder, wie es im Kreise Olpe Gebrauch ist, „Jahnschaft"[1]). Die Nutzung des Waldes geschieht nach einem bestimmten Plane, der Hauordnung. Der ganze Bestand wird in 16 oder 18, möglichst gleichgroße oder wenigstens gleichwertige Schläge geteilt, von denen in jedem Jahre einer genutzt wird. Den Jahresschlag verteilen die Genossen jedesmal nach ihrer Berechtigung untereinander. Um diese Aufteilung leicht und schnell vornehmen zu können, legt man dem ganzen Hauberge eine gedachte, ideale Größe zu, die man nicht nach dem gebräuchlichen Flächenmaß, sondern in Geldwert ausdrückt. So sagt man z. B. der ganze Hauberg ist „4320 Taler" groß. Ebenso setzt man die Anteilberechtigung eines jeden Genossen, „Jähner" genannt, nach diesem idealen Maßstabe so fest, daß die Berechtigungsgröße aller Jähner dann ebenfalls 4320 Taler ausmacht. Nun kann man einem jeden auf bequeme Weise in dem Jahresschlage seinen Anteil zuweisen, indem die Idealgröße des Hauberges, sowie die ideale Berechtigungsgröße des Einzelnen durch 16 beziehungsweise 18 dividiert wird und die erstere Zahl die Größe des Jahresschlages angibt,

---

1) Die Bezeichnung „Jahnschaft" leitet sich von dem Worte „Jan", mit dem man parallel nebeneinander liegende Waldparzellen bezeichnet, ab. Die Entstehung des Wortes Jan, Jän, ist dunkel, es wird jedoch nichts mit dem Worte „Gan" als „Ganerbe" gemein haben.

die zweite zeigt, wieviel jeder Jähner im Jahresschlage erhält. Auf die Einzelheiten dieser Aufteilung werden wir an späterer Stelle noch eingehen.

Die eigentümliche Verquickung von Land- und Forstwirtschaft, wie sie sich uns in der Haubergswirtschaft zeigt, finden wir heute auf einem Gebiete, das weniger mehr als 120 000 ha umfaßt. Wenn somit die räumliche Ausdehnung dieser Bodennutzungsart eine geringe ist und nur lokale Bedeutung hat, so gewinnt sie wegen ihres hohen Alters um so mehr an Interesse für den Agrarhistoriker. Die Benutzung von Niederwäldern nach dem Abtriebe des Holzbestandes zur Fruchtnutzung läßt sich, wie später gezeigt wird, in diesen Gebieten schon früh nachweisen, es ist nur die Frage offen, weshalb man zu dieser eigenartigen Nutzungsform gekommen ist und ob die Haubergswirtschaft ständig auf genossenschaftliche Weise betrieben worden ist.

In dem Gebiete, das vorliegende Arbeit behandelt, ist eine oben geschilderte, geregelte genossenschaftliche Bewirtschaftung der Hauberge zu Anfang des verflossenen Jahrhunderts nur in einigen Gemeinden nachzuweisen. Erst durch großherzoglich hessisches Gesetz vom 6. Januar 1810 ist die obligatorische Bildung von Haubergsgenossenschaften im Kreise Olpe angeordnet worden. Vor dieser Zeit waren die Berge durchweg im vollen Privateigentume. Im Nachbarkreise Siegen jedoch können wir Haubergsgenossenschaften schon im Mittelalter urkundlich nachweisen.

Um den geschichtlichen Werdegang der Haubergswirtschaft, der für das Verständnis dieser Bodennutzungsart unbedingt nötig ist, kennen zu lernen, ist es erforderlich, daß die Entwicklung der Siegener Hauberge in den Rahmen unserer Arbeit gezogen wird. In folgendem wird deshalb zunächst die Geschichte der Siegener Hauberge behandelt.

Die Fragen, die wir hierbei zu untersuchen haben, sind:

1. Wie alt ist die Haubergswirtschaft und weshalb ist man zu dieser eigenartigen Nutzungsweise gekommen?
2. Wurde von anfang an die Haubergswirtschaft genossenschaftlich betrieben?

Die Haubergswirtschaft ist des öfteren schon Gegenstand wissenschaftlicher Betrachtung gewesen und gehen die Ansichten der verschiedenen Forscher über obige Fragen auseinander.

Am eingehendsten hat sich Achenbach mit den Siegener Haubergen beschäftigt. In dem Werke: „Aus des Siegerlands Vergangenheit" schreibt er, indem er auf frühere Schriften zurückgreift: „Die bisherige Annahme, wonach der nassauische Fürst Fried. Wilh. Adolf als Gründer der Haubergsverfassung anzusehen sei, erweise sich als irrig, es liegt mir aber fern (wie von einigen aus Achenbachs Schriften gefolgert worden ist) die Zustände der germanischen Vorzeit[1]) mit der dargestellten Haubergseinrichtung zu identifizieren. Was wir für übereinstimmend erachten, liegt in der Gemeinschaft des Grund und Bodens, in dem wechselnden Besitze des einzelnen, in dem Mangel eines aus der Gemeinschaft ausgeschiedenen, körperlich abgegrenzten Grundeigentumes und vielleicht auch in der jedenfalls uralten Brennwirtschaft. Die Detaileinrichtungen sind dagegen bei wachsender Bevölkerung im Laufe der Zeit entstanden und selbst nicht einmal alle gegenwärtigen Hauberge von gleichem Alter."

Die Achenbachsche Erklärung wird von Roscher, Hanssen und von der Goltz geteilt.

Anderer Ansicht ist C. J. Schenk. In seiner „Statistik des Kreises Siegen", Siegen 1839, sagt er: „Der Zeitraum, in welchem die Hauberge ihr Dasein erhielten, ist nicht genau zu bestimmen, aber diese waren sicher schon im 13. Jahrhundert eingerichtet. Die Konsolidation der Hauberge dagegen ist ein Werk des Fürsten Friedr. Wilh. Adolf, das dieser im Anfang des 18. Jahrhunderts in anbetracht der Verwüstung der Holzbestände beschlossen hatte". Allerdings führt auch Schenk an, daß vor dieser Zeit in einigen Gemeinden schon konsolidierte Hauberge bestanden hätten.

Endlich sucht Bernhardt[2]) die Entstehung der Hauberge auf den Mangel an Brotfrucht zurückzuführen, indem er anführt: „Die Haubergswirtschaft ist entstanden zu der Zeit, als die wachsende Bevölkerung des Siegerlandes mehr als die Gesamterzeugung von Brotkorn zu bedürfen anfing. Damals war es bei schwieriger Kommunikation und dem Mangel an Wasserstraßen, sowie bei dem gebirgigen Charakter des Siegerlandes versucht worden, durch Roden der Wälder das benötigte Ackerland sich zu verschaffen. Als man aber auf jene Flächen stieß, die ihrer ganzen Beschaffenheit nach

---

1) Zu dieser Schlußfolgerung ist man durch die Schilderung der altgermanischen Wirtschaftsweise, wie sie uns Caesar und Tacitus geben, gekommen. Die Stellen, auf die man sich hierbei stützt, lauten:

Caesar: De bello Gallico IV. I. .... Sed privati ac separati agri apud eos nihil est; neque longius anno remanere uno in loco incolendi causa licet.... Tacitus, „De Germania", cap. 26.... Agri pro numero cultorum ab universis (in vices) occupantur, quos mox inter se secundum dignationem partiuntur; facilitatem partiendi camporum spatia praestant. Arva per annos mutant et superest ager....

2) Bernhardt, Die Haubergswirtschaft des Siegerlandes. Ein Vortrag. Siegen 1867.

1*

absoluten Waldboden darstellten, hat die Intelligenz des Siegerländers eingesehen, daß hier nicht einfaches Roden zweckdienlich sei und so ist man zur Haubergswirtschaft übergegangen."

Bevor wir an eine nähere Untersuchuug über die Entstehung der Haubergswirtschaft treten, glauben wir diese durch eine kurze Skizzierung der Entwicklung des Waldeigentumes in Deutschland, speziell aber im Herzogtum Westfalen, zu erleichtern.

Wie die geschichtliche Forschung ergeben hat, beruhte der anfängliche, politische Zusammenschluß unserer Altvorderen auf einer ökonomischen Interessengemeinschaft, die als gemeine Mark[1]) bekannt ist.

Wie ein solcher entstand, ist dunkel, da er sich lange vor den Zeiten, aus denen wir schriftliche Überlieferungen haben, vollzogen hat. Wahrscheinlich ist er so geschehen, daß, wenn ein Stamm in einer Gegend sich niederließ, der Grund und Boden an die Freien so verteilt wurde, daß ein bestimmter Teil der Fläche als Ackerland genommen wurde, während der Rest Wald blieb. Das Ackerland wurde anfänglich wohl jährlich durch das Los unter die Berechtigten verteilt, späterhin unterblieben diese jährlichen Aufteilungen; so entstand das Privateigentum am Ackerland, indem jeder die in Benutzung habende Fläche zu eigen behielt. Den Wald jedoch verteilte man nie unter die Markgenossen, er blieb Gemeingut aller, verband die Bewohner einer Gemeinde zu innigem Zusammenhalten und verkörperte die Markgenossenschaft. Mit der Zunahme der Bevölkerung entstanden in den anfänglich großen Marken, Gaumarken genannt, durch Teilung kleinere und auch diese gliederten sich später innerhalb eines Kirchspieles oft in mehrere[2]). Die alten großen Gaumarken lösten sich in Bauerschaftsmarken auf. Während das Ackerland jedem zu eigen gehörte, blieb also der Wald Eigentum aller Markgenossen. Dieses lag darin begründet, daß man zu damaligen Zeiten den Wald als ein völlig wertloses, im Überfluß vorhandenes Gut ansah, das, sich von selbst kultivierend, ganz unerschöpflich schien. Die Nutzungen, die er gewährte, als Benutzung

---

1) Nach Seibertz, Landes- und Rechtsgeschichte des Herzogtums Westfalen, Arnsberg 1860, Bd. I, S. 47, bedeutet Mark allgemein jede Grenze, daher Feldmark, Waldmark, Landmark, Reichsmark, je nach dem Gegenstande, der von solcher Grenze eingeschlossen ist. Insbesondere aber wird unter Mark ein begrenzter Distrikt verstanden, dessen Nutzungen von den Eigentümern desselben genossen werden, daher Markgenossen und deren Gesamtheit Markgenossenschaft. Letzterer Begriff ist einmal ein örtlicher, wenn er sich auf den Gegenstand der Nutzung, ein andermal ein persönlicher, wenn er sich auf die Genossen bezieht.

2) So bestand das Dorf Siedlinghausen (Reg.-Bez. Arnsberg) aus sieben Marken. (Seibertz, Landes- u. Rechtsgesch. d. Herz. Westf., Bd. III, S. 544).

zur Mast, als Brenn-, Bau- und Geschirrholzquelle, sowie durch Benutzung zur Viehhude, konnte man gleich gut nehmen, einerlei ob der Wald Gemeingut aller oder Privateigentum der Einzelnen war. Ein Bedürfnis zu seiner Aufteilung unter die Genossen lag nicht vor. Nichtsdestoweniger finden wir schon unter Karl dem Großen neben dem Markwalde auch Wälder im Privateigentume, die Einzelnen, vornehmlich dem Könige, gehörten und Bannwälder genannt wurden. Letztere waren durch den Königsbann aus dem Markwalde ausgeschieden, jedoch nicht wegen der Holznutzung, sondern aus jagdlichen Gründen, um das Wild besser hegen zu können [1]). Die Bannwälder waren eingezäunt, den Märkern stand es aber zu, jederzeit in den Bannwäldern zu roden, sei es um Bau- und Brennholz zu gewinnen, oder um Ackerland zu erhalten. Das Recht auf Anlegung eines Bannforstes stand nur dem Könige zu, der dieses an seine Vasallen und Grafen verlehnte und verschenkte. Im Herzogtume Westfalen waren die meisten Waldungen gemeinschaftliches Eigentum der Markgenossen, silvae communes, deren Besitz die Märker sich nicht nehmen ließen. Seibertz sagt in seiner Landes- und Rechtsgeschichte Westfalens III. Bd., S. 546: „Wer war Eigentümer dieser Marken? Der Graf von Arensberg trug den Wald mit allen Rechten und Besitzungen zu Lehn. Die frühesten Urkunden darüber sind verloren gegangen. Die älteste, welche wir noch haben, ist 1388 ausgestellt. Es heißt darin, der Kaiser (Ludwig der Bayer) habe dem Grafen folgende von seinem Vater geerbte Lehne erteilt: außer der Vogtei Soest, außer den Gografschaften, allen Freigrafschaften im Komitat, der Münze, dem Dukat innerhalb seiner Grafschaft, dem Zoll zu Neheim, und dem Rechte des Vorstreits zwischen Rhein und Weser: silvam suam que dicitur Lurewalt et in eadem silva forestrum volgaritur dictum Wildforst. Wollte man nun hieraus schließen, das ganze nutzbare Eigen des Lüerwaldes sei den Grafen zu Lehn gegeben, so würde das doch ein Fehlschuß sein, denn die Berechtigungen der Beerbten im Lüerwalde sind älter als das Lehnsrecht. Sehr treffend heißt es daher in dem Weistume einer Mark: Item weißt der Scheffen, Wasser und Weyde haben wir von dem himmlischen Vater zu Lehn. Schon in den ältesten urkundlichen Verleihungen von Reichsgut an die Grafen im Westfalengau, werden die Markwaldungen als Pertinenzien der Bauerngüter betrachtet." Welche Rechte standen dem Märker im Markwalde zu? Gemäß der Ansicht von der Wertlosigkeit des Waldes konnte der Märker anfangs im Markwalde nach freiem Belieben schalten und

---

1) Daß die Bannwälder nur zur Befriedigung der Jagdlust dienten, geht aus den Kapitularien Karls des Großen vom Jahre 802 und 803 hervor.

walten. Selbst Eingriffe dritter Personen wurden nach dem damaligen Rechte[1]) nicht so wie ein Diebstahl anderer Dinge geahndet. Erst der gefällte Baum und das gerodete Land geben Besitz. Diese Ansicht von der freien Benutzung des Waldes ist von seiten der Markgenossen ständig beibehalten worden. Was die Verfassung der Marken anbelangt, so stand an der Spitze der Markgenossenschaft der Markrichter, Gogreve genannt, dessen Amtstätigkeit etwa der des Vorstandes einer heutigen Genossenschaft entspräche, ferner hat er noch alle Rechtsfälle, wie Streitigkeiten und Holzfrevel im Gogerichte zu erledigen. Ihm unterstanden ein oder mehrere Holzknechte, die den heutigen Förstern entsprachen. Der Gogreve, der selbst zumeist Markgenosse war, wurde von den Genossen entweder für immer oder für eine bestimmte Anzahl von Jahren gewählt. Erwähnung finde noch die Ansicht Seibertz, „des Nestors der westfälischen Geschichtsschreiber", nach der die westfälischen Markwälder keine Nadel-, sondern Laubwälder waren. So waren die Wälder bis zu Beginn des 16. Jahrhunderts gemeinsames Eigentum der Markgenossen, von dieser Zeit an, an _einigen Orten schon früher, beginnen die Markwaldaufteilungen, die sich bis Mitte des verflossenen Jahrhunderts hinzogen.

Wenn wir nach diesen einleitenden Betrachtungen nun an die Lösung der uns auf Seite 44 gestellten Fragen treten, so müssen wir zunächst auf die Ansichten Achenbachs und Hanssens hinweisen. Diese Forscher geben direkt zu, daß die Organisasition der Haubergswirtschaft Reste altgermanischer Bodennutzung in sich berge, und wünschen die Entstehungszeit der Haubergswirtschaft möglichst weit hinausgeschoben, ohne in eine nähere Erörterung zu treten, wann und weshalb jene Einrichtungen geschaffen sind. Nach unserer Ansicht befinden sich obige Forscher im Irrtume, wenn sie glauben, die Entstehung der Haubergswirtschaft verlöre sich im Dunkel des frühen Mittelalters. Wir sind anderer Meinung. Zu dieser Annahme glauben wir uns berechtigt, durch das Studium der siegenschen Urkunden, besonders Eigentumsübertragungen, aus denen die land- und forstwirtschaftlichen Verhältnisse des Siegerlandes zu ersehen sind. In

---

1) Nach Seibertz, Landes- u. Rechtsgesch. d. Herz. Westf., Bd. I, S. 122, galt im Herzogtume Westfalen um 600 n. Chr. die Lex Ripuariorum. In diesem heißt es: Si quis Ripuarius in silva communi, seu regis vel alicujus locata, materiamen vel ligna fissa abstulerit XV. sol. culpab. judicetur .... quia non res possesa est sed de liguo agitur. Das Bewußtsein des Volkes hielt an dieser uralten Ansicht lange fest. Man findet noch heute Leute im Reg.-Bez. Arnsberg, die glauben, keinen eigentlichen Diebstahl zu begehen, wenn sie aus fremden Waldungen Holz holen.

keiner einzigen — und wir haben eine Anzahl — wird bis um 1450 mit einem Worte oder in Andeutungen der Haubergswirtschaft Erwähnung getan. So heißt es in einer Urkunde[1]) vom 23. Aug. 1288, in der ein Knappe Gerhard von Selbach seine Güter dem Nonnenkloster zu St. Johann bei Siegen überträgt: „Gerhardus dictus Ziendener armiger de Selbach universa bona mea sita in Hengisbach cum omnibus suis pertinenciis, pratis, pascuis, lignis, terris cultis et incultis et cum omnibus suis proventibus qui nunc apparent vel in posterium apparebunt, claustro monialium . . . . . . 1315 verkauft Dietrich von Wildenberg sein Gut Füsselbach, im Kaufvertrag heißt es: . . . . wi dat gut gelegen is an holze unde an velde . . . . .[1]). In dem Übergabevertrag eines Hofes des Johann Cremvel zu Dielenbach[2]) aus dem Jahre 1342 steht . . . . wie it gelegen ist an hove, an garten, an lande, an wesen, an holze . . . . .“ Aus dem Jahre 1346 besitzen wir eine Urkunde, die den großen Zehntverkauf eines Kraft und Gottfried von Hain an den Grafen Otto von Nassau behandelt. In derselben wird angeführt: „. . . . den man nennet der groze zeynde, mit allen deme rechte, daz dar zu horet an hulze, an velde, an wysen, an eckern, an wazzern, an weyden, besucht unde unbesucht, wy man daz nennen mag, daz dar zu gehoret . . . . .“.

Daraus, daß bis 1450 in keiner Urkunde irgend etwas sich findet, was auf das Vorkommen der Haubergswirtschaft zu jenen Zeiten hindeutet, schließen wir, daß die eigentümliche Form der Bodennutzung, die wir heute im Siegerlande finden, zu jenen Zeiten noch nicht gehandhabt wurde. Denn es ist nicht anzunehmen, daß eine Betriebsform, die so tief, wie die Haubergswirtschaft, in das private Eigentumsrecht einschneidet, unerwähnt geblieben wäre. Für unsere Annahme spricht ferner der Umstand, daß keinerlei Ursache bis 1400 erkennbar ist, die für das Siegerland eine von der in den angrenzenden Gebieten übliche abweichende Bodennutzung erklärte.

Die erste Erwähnung der Haubergswirtschaft findet sich in einer kurzen Notiz über die Einkünfte der Burg Freudenberg aus dem Jahre 1447[2]), die sagt:

„Der Hauw wat off dat Hueß horet, want man das verlehnt dar nymmt man abe die drytte vnde die vierde garbe“.

Nach dieser Urkunde gab es also um das Jahr 1450 Flächen, deren Holzbestand von Zeit zu Zeit gehauen wurde. Den Kahltrieb säte man alsdann mit Ackerfrüchten ein, wie ohne Zweifel aus der

---

1) Orig. Staatsarchiv Münster, Fürstentum Siegen.
2) Orig. Staatsarchiv Münster, Fürstentum Siegen.

Angabe über die Verpflichtungen, die der Lehnsmann zu leisten hatte, hervorgeht. Von diesem Zeitpunkte ab kommt die Bezeichnung „Haw, Hauw, ein stücke Hawberges" an zahlreichen Stellen vor.

Mit der Erwähnung der Hauberge um 1450 tritt auch die Bezeichnung „Hoe gewelde, Hochgewelde" hervor; von dieser Zeit ab wurde also eine genaue Unterscheidung in Hoch- und Niederwald gemacht.

Woher kommt nun plötzlich diese genauere Unterscheidung zwischen „Hoegewelde" und „Hawberge"? Der Grund hierfür liegt nach unserer Annahme in der Änderung der wirtschaftlichen Verhältnisse des Siegerlandes.

Um 1400 begann der Siegener Bergbau sich zu entwickeln, wie die zahlreichen Mutungen und Belehnungsurkunden beweisen. Eine große Anzahl von Gruben entstand, welche den Bewohnern neue Nahrungsquellen erschlossen.

Mit der Eröffnung eines lebhaften Bergbaues mußte sich bei den damaligen mangelhaften Transportverhältnissen an derselben Stelle ein Hütten- und Hammerbetrieb heranbilden, welchem die Aufgabe zufiel, die Rohprodukte in hochwertige und deshalb auf größere Entfernungen hin transportfähige Produkte umzuwandeln. Zum Stollenbau in den Bergwerken waren große Holzmengen erforderlich, noch mehr aber verschlangen die Hütten- und Hammerwerke, in denen das Holz das einzige Feuerungsmaterial bildete. Diese Steigerung des Holzbedarfes zog unmittelbar auch eine Wertserhöhung des Waldbestandes nach sich. Was vorher kaum oder nur geringen Wert hatte, wurde auf einmal ein gesuchtes Produkt.

In der Folge entwickelte sich auch mehr und mehr die Siegener Lederindustrie[1]), die die Eichenrinde verwertete, welche als Nebenprodukt bei der Holzköhlerei gewonnen wurde, indem man die Eichenstämme vor dem Kohlen schälte. Die ständige Zunahme dieser beiden Industriezweige bedingte naturnotwendig auch ein stärkeres Anwachsen der Bevölkerung und dies letztere wieder einen größeren Brotbedarf. Das Siegerland ist aber in seiner ganzen Ausdehnung gebirgig, die Täler sind von geringer Breite und Länge, die Berge haben überdies steile Abhänge, die eine nur wenige Zentimeter mächtige Ackerkrume aufweisen, sodaß nur ein geringer Teil der Bodenfläche zum Ackerbau sich eignet.

---

1) In den Urkunden ist von 1450 an oft die Rede von Lohmühlen, in denen die Eichenrinde zu Lohe gemahlen wurde, woraus sich ein größeres Vorkommen von Gerbereien folgern läßt.

So lange die Bevölkerung eine weniger dichte war, genügten diese Flächen um den Brotgetreidebedarf zu decken [1]), mit dem plötzlichen Anwachsen der Bevölkerung aber mußte man nach neuen zur Fruchtnutzung geeigneten Flächen sich umsehen. Denn aus den angrenzenden ebenfalls gebirgigen Gebieten konnte, abgesehen von der weiter entfernten Rheingegend, nicht Getreide importiert werden, da diese Gegenden kaum ihren eigenen Bedarf deckten. So kam man von selbst dazu, die Kahltriebe in den Wäldern zur Fruchtnutzung heranzuziehen.

Anfänglich wird wohl nur derjenige, der im Besitze einer Eisenhütte war, um seinen Holzbedarf zu decken im Walde auf eigene Faust gerodet haben. Denn so lange der Holzbedarf zum Kohlen noch ein geringer war, wird wohl weder die Markgenossenschaft noch der herrschaftliche Waldbesitzer sich des weiteren um das Holzfällen gekümmert haben, da man ja den Wald als etwas wertloses ansah. Sobald aber der Holzkohlenbedarf stieg, erkannte man, welch' lohnende Geldquelle der Wald darstellte, und jeder suchte möglichst viel davon in Besitz zu bekommen, 'um es in klingende Münze umzusetzen. Wenn man dieses bedenkt, wird es einem auch erklärlich, daß unter den uns erhaltenen Urkunden, die das Siegerland betreffen, sich keine finden, die Markwaldaufteilungen behandeln. Jeder Markgenosse glaubte besser zu fahren, wenn er auf eigene Faust rodete, zumal höchstwahrscheinlich ein mehr oder minder großer Teil des Markwaldes schon vorher von den hüttenbesitzenden Markgenossen gefällt war. Würde man die Mark aufgeteilt haben, hätte schwerlich ein so planloses Roden [2]), wie es um 1450 eintrat, Platz gegriffen. Denn jedermann sucht doch im allgemeinen seinen Besitz sich zu erhalten, nicht sich desselben zu entäußern. Solange man aber noch nicht aufgeteilt hatte, betrachtete man den Wald als ein wertvolles Ausbeutungsobjekt, von dem jeder sich soviel anzueignen strebte, wie eben anging. Man holzte ohne Unterlaß sowohl in den Markwaldungen, wie im herrschaftlichen Wald-

---

1) Nach Arnoldi darf angenommen werden, daß um 1450 die Bevölkerung des Siegerlandes etwa ein Drittel der Einwohnerzahl des Jahres 1793 betrug. Achenbach, ein gründlicher Kenner siegenscher Verhältnisse, berechnet hiernach die Gesamtbevölkerung auf 10 000 Personen, von denen allein 3000 auf die Stadt Siegen entfallen, sodaß für das platte Land nur 7000 übrig blieben. Bei dieser geringen Bevölkerungszahl erscheint es ausgeschlossen, daß man aus Mangel an Brotkorn eine so intensive Benutzung des Waldes trieb, wie die heutige Haubergswirtschaft es ist. Neu entstandene Familien nahmen sich aus der gemeinen Mark soviel an Grund und Boden, wie sie zum Lebensunterhalt bedurften.

2) Für dieses, dem blinden Unverstande, der nur den Wert des Augenblicks bedenkt, entspringende Roden, geben uns später noch angeführte Urkunden Belege.

besitz[1]). Mit diesem Übelstand beschäftigen sich die ersten Wald-
ordnungen, die wir haben. So wurde am 10. April 1465 für die
Waldungen der Landesherrschaft eine Schultheißenordnung erlassen,
der wenige Jahre später (1472) eine Waldförsterordnung folgte. Beide
erschienen 1498 zusammengefaßt als „Die Ordnung der Ämter Siegen
und Dillenburg". In dieser heißt es:

> „Und ob jemantz hauwen oder rumen würde in unseren hoch-
> gewelden oder sost in eynigen heckenn, struchen oder haubergen
> zw ackern, wiesen oder sust, ehe und zuvor solichs von unseren
> Rentmeistern, die des zw jeder zytt bevelh und macht hant, ver-
> luhen oder erleubet were, sollen solichs unser Rentmeistern
> eynenn andern von unserns wegen und mit den thedern verlyhen
> mit sampt dem gehauwen holtze und anderen notzinge und die
> thedern noch gestalt der sachen von unsernt wegen straffen mit
> der boess."

Aus dieser Ausführung ergibt sich, daß um jene Zeit die Ro-
dungen im herrschaftlichen Besitz sich sehr ausgedehnt hatten, sodaß
man sich genötigt sah, dem unvernünftigen Abholzen ein Ende zu
machen[2]), indem in der Folge nur derjenige, der vorher sich die Erlaubnis holte, in den herrschaftlichen Waldungen holzen durfte. Die
Folge dieses planlosen Rodens, bei dem an Ersatz für das Entnommene
nicht gedacht wurde, war ein allgemeiner Holzmangel, der lähmend auf
das Emporwachsen der jungen Industrie wirkte und diese im Keime
erstickt haben würde, wenn man nicht schleunigst Gegenmaßregeln
ergriffen hätte. Der große Holzmangel, der um jene Zeit herrschte,
geht deutlich aus den Ordnungen und Erlassen hervor, die man zur
Besserung dieses Übelstandes erließ. So verbietet die „Geschworene

---

1) Das rücksichtslose Hauen bedingte manche Streitigkeiten. So haben wir aus dem
Jahre 1447 eine Aufzeichnung, die einen Streitfall zwischen einem Philipp von Bicken und
dem Grafen Johann von Nassau behandelt. Dort heißt es:

„Jtem auch so haut die vurß. mene (d. h. die Untertanen von Philipp von Bicken)
Ju derselben marke gehauwen. Jn dem vurß. Jare zur korn dat mynen gnedigen
Junchern (d. h. dem Grafen von Nassau) zur tyind van werden solde 8. ml. korn daz
he (Philipp von Bicken) genommen hait. vnde disserselbe haw waz gehauen Jn mynes
Junchern hoegswelde vnde wan man daz eyn Jahr gehauen hait So mach man vort
da die nesten zwey Jar vort sehin myt somer Frucht.

2) Die abgeholzten Flächen säete man meist eine Zeitlang mit Korn ein und über-
ließ sie dann sich selbst. Aus den Stockausschlägen der Baumwurzeln entstanden, oder
waren schon die heutigen Niederwälder entstanden, die dann einmal wegen ihrer kürzeren
Umtriebszeit, das anderemal wegen der leichteren Verwertung zur Holzköhlerei — da man
die alten Bäume erst zu kleinen Scheiten hauen muß — für unseren Bezirk am geeignetsten
schienen. Mit der kürzeren Umtriebszeit war auch ein häufigeres Benutzen zur Korn-
einsaat möglich.

Montagsordnung" vom Jahre 1586 die Anlage von neuen Gärten, weil diese durch hölzerne Einfriedigungen vor dem Eindringen ungebetener Gäste geschützt wurden. Nur mit Genehmigung sämtlicher Ortsbewohner darf ein Garten angelegt werden. Um an Holz zu sparen, sollen in jeder Gemeinde Back- und Dörröfen für die Bewohner zur freien Benutzung angelegt werden. Die Schultheißen mußten für den baulichen Zustand der Häuser sorgen, eine Feuerwache einrichten usw. Die Anlage neuer Kohlgruben und der Holzkohlenexport waren an schwer zu erlangende obrigkeitliche d. h. fürstliche Erlaubnis geknüpft. Endlich durften keine fremden Personen in einer Gemeinde sich niederlassen, wenn sie sich nicht selbst „beholzen" konnten. Diese Einschränkungen hätten aber allein keine Änderung gebracht, vielmehr mußte eine forstgerechte Nutzung der noch vorhandenen Bestände und eine Anpflanzung der Kahltriebe eintreten. Mit der Besserung der Waldwirtschaft beschäftigte sich der Rat der Stadt Siegen, und seinen Bestrebungen ist es zu danken, daß im Jahre 1553 dem Landesfürsten eine Verordnung unterbreitet wurde, die 1562 als erste, die nicht landesherrlichen Waldungen betreffende Forstordnung erlassen wurde. Es heißt darin: „Es wird für nützlich angesehen, . . . das die gehawen Hain 16 Jahr still ligen und ruhen und mittlerweil nit eher dan bis zur verlaufung derselben zeit gehauwen werden . . . . des die Gemarken hin und wider umb die Statt und uffm Land in 16 Theil gemacht und indes Jars an eynen Ort derselben Theil eins gehawen werd und die überigen Theil und Orte, biss die sechstzehn Jar umb sein, stilligenn."

Im Jahre 1586 wurde für das Amt Siegen die oben erwähnte „Geschworene Montagsordnung" erlassen, welche an allen geschworenen Montagen, worunter man wahrscheinlich die Gerichtstage zu verstehen hat, den Bewohnern vorgelesen und zur Befolgung empfohlen wurde. Die Ordnung wünscht:

„Zum ersten, damitt des gehöltzes zu fruchtbarer wachsung undt zu seiner größe, kohlen daraus zu brennen, kommen mögen soll kein haugberg oder hain gehaugen werden, der sey dan nach gelegenheit 15, 16 oder 18 jhar altter, im sonderheit auch darumb, weill das korn im alten gebirge und grunde besser als in einem jungen, unzeitigen Berge zu wachsen pflege.

Zum andern soll jede Gemark durch die Schultheißen, Waltfürster undt etliche Scheffen, die dessen verstandt haben, überschlagen undt nach befindung in 16, 18 oder 20 hauge außgeteilt, daßelbe in ein besonderes buch verzeichnet undt durch jedes orths Schultheißen gehandt habt werden. Zum dritten soll keiner

in den geteihlten bergen sein antheill bei verlust desselben un-
gehauen liegen lassen damit der grundt des gebirges, in ein-
trächtigem gebrauch bleiben undt daß gehöltzs zugleich undt
mitteinander auffwachsen könne."

Alsdann folgen Vorschriften über das Hauen, so soll nicht im „meyen",
sondern im Brachmonat 'gehauen werden; ferner soll in den dicken
d. h. gut bestandenen Haubergen, um die Wurzeln zu schonen,
keine Hacke gebraucht werden.

Die Geschworene Montagsordnung weist zunächst auf die Unordnung hin, die sich in der Forstwirtschaft eingeschlichen hat, und
sagt, daß dieser Erlaß eine Regelung dahin bezwecken soll, daß das
Holz zu „fruchtbarer Wachsung" und zu seiner Größe „Kohlen daraus
zu brennen" kommen soll. Sie glaubt zunächst durch eine Regelung
des Haubarkeitsalters sowohl der Privat- als auch der Markwaldungen
zu erreichen, daß nur genügend herangewachsene Bäume gehauen
werden. Es soll in Übereinstimmung mit der heutigen Haubergs-
ordnung kein Hauberg früher gehauen werden, als bis er 15, 16 oder
18 Jahre alt ist. Um diese Umtriebszeit leichter zu ermöglichen, soll
der Markwald einer jeden Gemeinde in eine bestimmte Anzahl Schläge
eingeteilt werden. Daraus ergibt sich, daß diese Einteilung erst vorgenommen werden „soll", also vorher noch nicht bestand. Die neu-
geschaffene Schlageinteilung soll in ein neu anzulegendes Buch eingetragen werden, das vom Ortsvorsteher zu führen ist. Ohne Zweifel
will die Geschworene Montagsordnung eine Regelung der Forstwirtschaft in einer Weise, die vollständig der heutigen entspricht.

Aus all dem bislang Angeführten ziehen wir den Schluß, daß
durch die Verordnungen von 1562 und 1586 die Haubergswirtschaft,
die sich im Laufe des 15. Jahrhunderts, durch die wirtschaftlichen Verhältnisse bedingt, von selbst herausbildete, geregelt und die heutige
Form der Haubergsgenossenschaften entstanden ist. Als Schöpfer
dieser Organisation betrachten wir den Rat der Stadt Siegen.

Für unsere Annahme, daß erst 1562 die geregelte Haubergswirtschaft eingeführt ist, spricht auch der große Widerstand, der der
Durchführung der fürstlichen Verordnungen von der Bevölkerung
entgegengesetzt wurde. Anderthalb Jahrhunderte verstrichen damit,
diese Organisation auszuführen und die Bevölkerung mit den Vor-
teilen derselben vertraut zu machen.

Unentschieden bleibt demnach nur die Frage über die Entstehung der Idealanteile. Die Verordnungen schweigen sich darüber
aus. Zuerst finden wir hierüber Erwähnung in einem — allerdings

ziemlich unklaren — Bericht[1]) über die Einteilung der Leimbacher Mark aus dem Jahre 1589, der auch zum erstenmale die Bezeichnung „Jän" bringt.

„Die gantze Leimbacher Mark hatt an ruthen 98437 (?) daraus acht Jän gemacht undt trägt ieder Jahn 12888 (?) Ruthen undt ist uff idweder Pfennig 64 Ruthen, thut uff weißpfennig 512 undt also uff einen gülden 12888. Davon iedes Jahrs zu allen 16 Jahren umbgehauen, trägt uff iedwedern Pfennig 64 Ruthen und also wenn es umbgehauen Jährlichs um 4 Pfennig, wann obige 12888 Ruthen achtmahl genommen werden, trägt selbiges 98304 Ruthen, außer noch von 133 Ruthen so die Erben eingeschoßen."

Die Leimbacher haben hiernach als Idealmaß die damalige Landesmünze, den Gulden, genommen. Derselbe bestand aus 24 Weißpfennigen, und diese aus 8 einfachen Pfennigen. Wir glauben eine Erklärung für den Gebrauch einer Geldmünze als Idealmaß darin zu finden, daß es Gewohnheit gewesen zu sein scheint, bei Aufteilung von gemeinschaftlichen Besitz, wie es die Markwaldungen doch waren, die Berechtigung des Einzelnen in einer Geldgröße auszudrücken. So heißt es in einer Urkunde[2]) aus dem Jahre 1563:

„ist doch ein Zettel oder uffzeichnungh vurbracht, dar hineine alle die Märker im Preis außgedruckt wurden".

Interessant ist auch die Frage, wie man dazu gekommen ist, den Jahresschlag in Jähne zu teilen. In der Leimbacher Mark waren es 8, in anderen Marken wählte man 6 oder noch weniger, durchschnittlich finden wir 10—14 Jähne in einem Jahresschlag. Wenn wir der Volkssage Recht geben, so hat sich die Kleinteilung nach der Anzahl der Wohnhäuser in den Gemeinden gerichtet. Uns erscheint jedoch dieser Erklärungsversuch unzutreffend, denn um jene Zeit werden in einer Gemeinde, die über einen so ausgedehnten Waldbesitz verfügt, wie z. B. die Leimbacher, mehr als 8 Wohnungen vorhanden gewesen sein. Die Anzahl der Jähne wird sich nach der Anzahl der vorhandenen Markberechtigten gerichtet haben. Als Stütze dieser Behauptung dient ein Bericht[2]) über angeführte Leimbacher Mark aus dem Jahre 1655. Dieser behandelt ebenfalls die Durchführung der Forstordnung in der Mark, da man sich an die im Jahre 1589 vorgenommene Einteilung wenig gekehrt hatte. Die Genossen scheinen die Verordnung nur dazu benutzt zu haben, die Mark unter sich auf-

---

1) Orig. Staatsarchiv Münster i. W., Fürstentum Siegen.

2) Dieselbe findet sich im Königl. Staatsarchiv Münster i. W. und behandelt eine Markwaldaufteilung in einem dem Kreise Siegen anliegendem Gebiete.

zuteilen und danach die ihnen zugefallenen Flächen im Alleineigentum nach freiem Ermessen zu nutzen. In dem Berichte aus dem Jahre 1655 sind die 8 Jähne mit Namen angeführt:

1. Herren Jan, der dem Fürsten Johann Franz gehört, weil er mit einem Hofe in dem Dorfe Leinbach ansessig ist.
2. Niederndorffs Jan gehört Johann und Daniel Niederndorf.
3. Weißgerber Jan.
4. Selbach Jan.
5. Witwachs Jan.
6. Name unleserlich.
7. Kluncks Jan.
8. Pfeiffers Jan.

Die einzelnen Jähne tragen bestimmte Personennamen, die den Namen der Berechtigten entsprechen. Infolge der Erbsitten entstand eine große Anzahl Berechtigter, sodaß wir heute kein klares Bild mehr von der uranfänglichen Einteilung haben.

Die Forstordnungen erreichten durchweg ihren Zweck nicht, trotzdem eine Reihe von Polizeiverordnungen erlassen wurden, die bei schweren Strafen die schleunigste Durchführung der Vorschriften verlangten. Es gebrach der Regierung offenbar an Kraft, die angedrohten Strafen auch auszuführen. Bald werden wieder Klagen laut, die den großen Holzmangel zum Gegenstand haben. Während des ganzen 17. Jahrhunderts sind diese festzustellen und mancherlei Versuche sind von der allzeit hilfsbereiten Regierung unternommen worden, um diesem Übel zu steuern. Man beschränkte die Anzahl der Hütten- und Hammerwerke, sowie die Reisezeit derselben; die fürstlichen Eisenhütten wurden, um die Konkurrenz derselben auszuschalten, außer Betrieb gesetzt, zumal diese Hütten in der Produktion einen Vorsprung hatten, weil die landesherrlichen Waldungen im besseren Zustande sich befanden und den größten Teil des Kohlenbedarfes der landesherrlichen Betriebe deckten [1]).

---

1) So heißt es in einer Beschwerde der Hammerschmiede aus dem Jahre 1703:

„Erstlich haben die hohe gnädigste Landtsherrschaft vor hundert undt mehr Jahren die Ordnung im hütten undt schmieden gemacht, daß ein Jeder zünftiger, der sich desen bedienen will, bei seiner geordneten Zeit verbleiben Vnd nit mehr oder weniger hütten noch schmieden solle, alß ihm eigentümlich zustehet, gestatten, dann dene Vorbrachente Massenblässer von einem Tag, so er ohne Erlaubniß überhütte 10 gl. dem Hammerschmit von einem Tag 5 gl. ja gar von einer eintzigen Stunde 20 alb.. so oft er betreten wird zur straff gesetzt.

Vorß zweyte sind in anno 1555 alle hütten Vnd hämmmer im gantzen lande reduzieret Vnd dahin gebracht worden, daß eine massenhütte 48 Tage ein jeder hammer aber 24 Tage in seiner ordinaire reiß haben soll, zu welchem ende dann nit allein die

Es ist deshalb die Ansicht als irrig zurückzuweisen, daß die Haubergswirtschaft, wie wir sie bis jetzt kennen gelernt haben, die Siegener Eisenindustrie gefördert hat. Erst als die Regierung die Macht besaß, ihre Gesetze kräftig durchzuführen, beginnen die Hauberge segensreich zu wirken, und erst von 1750—1780 dürfen wir sie als solche ansehen, die forsttechnischen Grundsätzen entsprechen. Daß dieses so gekommen ist, bleibt das Verdienst des Fürsten Friedrich Wilhelm Adolph, der zwar nicht die Haubergsgenossenschaft schuf, aber die Haubergswirtschaft mit starker Hand in feste Bahnen lenkte.

Fürst Friedrich Wilhelm Adolph erließ am 1. Mai 1711 eine Holz- und Forstordnung[1]), in der er sagt, daß sie nur eine Wiederholung früher erlassener Verordnungen darstelle, weil den früheren „wenig nachgelebt" und deshalb die Wälder „verödet und verwüstet" seien.

Der Ausführung der Verordnung ging die Vornahme einer Generallandmessung voraus, die in den Jahren 1717—1720 stattfand; in Anlehnung an diese wurden in allen Gemeinden die Hauberge in „güldene" Jähne geteilt und diese nebst Angabe der Grenzen und der Bezeichnung in die Flurbücher neu eingetragen. Mit unerbittlicher Strenge wurde die Konsolidation der Bergesflächen durchgeführt und Sorge getragen, daß auch die Bewirtschaftung im Sinne der Gesetzgebung gehandhabt wurde.

Sowohl aus der Verordnung von 1711 als auch aus dem Testamente[2]) des Fürsten Friedrich Wilhelm Adolph geht klar hervor, daß Friedrich Wilhelm Adolph nicht — wie Schenk glaubt — der Schöpfer der Haubergsgenossenschaften war, sondern daß er nur für eine genauere Durchführung sorgte. In dem Testamente heißt es:

---

damahl überflüssigen hütten abgekauft werden, sondern eß hatt gnädigste Herrschaft selbsten daß rechts zum hütten und schmieden vor sich und ihre Erben begeben Vnd den Untertanen gegen erlegung einer gewissen summa geldts überlasen."

1) Die Begründung der Forstordnung lautet:

„Zügem allen und Jedem Unsererm Jägermeistern, Beamte und Förstern gewiß an, obwohl von Weyl. dem durchlüchtigen Fürsten Herrn Wilhelm Morizere Fürsten zu Naßau p. Unseres Herrn Vatters Gndf. Christmildester Gedächtnis, so wohl als Uns selbsten Verschiedene Forst- und Holtzordnungen in ein und anderen zu zeiten ausgegangen sind, deren Zweck dahin gerichtet, wie die Wälder vor aller Verwüstung bewahret und der Posterität gleichfallß zu deren Nutzen erhalten werden mögen, so haben wir jedoch erfahren, daß denenselben wenig nachgelebet, vielmehr mit unordentlichem Hauen der Bäume, Bau- und Kohlholtzes, die Wälder verödet und verwüstet werden. Damit aber in allem hinfüro eine beständige Ordnung gehalten werden möge, haben wir all solche, von Zeit zu Zeiten publizierte particular delicta zusammenziehen und in folgende Forstordnung bringen lassen, dero dann ein Jeder seines Orts by Vermeidung Unserer Ungnads nachzuleben schuldig und gehalten seyn soll."

2) Das Original findet sich im Königl. Staatsarchiv Münster.

„wie wir dann den unausbleibendten größten Fluch und un-
seegen auf denjenigen legen und setzen welcher dieser gemachten
Forstordnung entgegen, die numehro allenthalben zu richtigen
standt gebrachten so genannten güldenen jähne wieder in Abgang zu bringen oder sonsten demjenigen was zur menagierung
der Hauberge und Fortpflanzung des gehöltzes dienligst Verordnet
worden zu wiederstreben bedacht seyn und gegen Vermuthen
unternehmen wird".

Es war hiernach in den meisten Gemeinden wohl die Aufteilung
in Jähne vorgenommen worden, diese aber in „in Abgang" gekommen.
Man hatte an der Schlagordnung nicht festgehalten, an vielerorten
sie auch nicht einmal durchgeführt, sodaß ein durchgreifender Erfolg
nicht erzielt wurde. Erst vom Jahre 1720 ab wird die Bewirtschaftung
der Siegener Hauberge, getragen von dem Geiste genossenschaftlicher
Arbeit und Denkens, unter der strengen Aufsicht einer wohlmeinenden,
starken Regierung, eine forstgemäße. Bald machen sich die guten
Folgen der neuen Verordnung bemerkbar, und wogegen man sich
$1\frac{1}{2}$ Jahrhunderte gesträubt hatte, wird nun schnell Gemeingut aller.
Heute ist das Leben des Siegerländers so eng mit der Haubergswirtschaft verwachsen, daß er nicht mehr davon lassen will. Der
Grund hierfür liegt in der Eigentümlichkeit der Haubergswirtschaft,
in der Verbindung des landwirtschaftlichen Betriebes mit den Haubergs-
nutzungen, in der Erhaltung eines guten Weideganges für das Vieh,
in der Erleichterung des Forstschutzes, in der Einheit der Nutzungsweise und in dem gemeinschaftlichen Zusammenwirken bei dem Kultur-
betrieb.

Im Olper Bezirk, mit dem wir uns nun beschäftigen wollen,
herrschte bis zum 15. Jahrhundert eine der in den übrigen deutschen
Ländern ähnliche Entwicklung in den Waldverhältnissen. Um diesen
Zeitpunkt beginnt auch hier der Wald, aus denselben Ursachen wie
im Siegerland, im Werte zu steigen; wir finden auch hier die gleichen
Bestrebungen der hüttenbesitzenden Märker, den Markwald möglichst
viel auszunutzen. Dadurch entstanden oft Streitigkeiten, wie nachfolgende Urkunde[1]) zeigt:

„Alhs eine zeitliche Unordnung, Irrthums und schade des ge-
holtzes in der Grisemerdt durch der Märker unverstandt und
zwiespalt und fuest täglichen verhauw und indringens sich erhalten und zugetragen, da ir durch des geholtzs verwoistet und

---

1) Die Urkunde stammt aus dem Jahre 1563. Sie behandelt die Aufteilung des
Olper Stadtwaldes. Das Original befindet sich auf dem Bürgermeisteramt der Stadt Olpe.

zurlest in grundt gangen werhr, den Märkern doch zu keins sonderlichen vortell, den nachkommen aber zum verderblichen schaden gereiche."

Diese Urkunde stützt auch unsere Annahme von der Entstehungszeit der Haubergswirtschaft, indem sie den von uns für das Siegerland gezeichneten Entwicklungsgang auch für die Olper Gegend zeigt.

Während im Siegerlande die fürstlich-nassauische Regierung, die in die Forstwirtschaft eingeschlichenen Mißstände zu bessern sucht und diese Besserung, wenn auch in einem jahrhundertlangen Kampfe, erreichte, fehlte dem heutigen Kreise Olpe zu damaliger Zeit eine solche Stütze. Die Märker suchten sich deshalb zunächst durch Aufteilungen der Markwaldungen ihren Anteil zu sichern.

Die Aufteilungen vollzogen sich zunächst so, daß man nach der Festsetzung dessen, was dem einzelnen zukam, beschloß, im genossenschaftlichen Verbande zu bleiben „zu bequemer gleichheit des gebrauchs undt besserer fristung". Es sollte einem jeden frei stehen, mit der Genossen Vorwissen „zu seiner hogen notturft" Holz zu hauen, im übrigen wollte man das fruchtbare Holz gemeinsam nutzen. Zur Aufsicht und als Schutzbeamte wurden „Holzknechte" ernannt, die alle unerlaubten Eingriffe dem „Holzgerichte", das zu „gelegenen" Zeiten zweimal im Jahre stattfand, anzeigen mußten.

Der Wald muß auch im Olper Revier zu damaliger Zeit schon durchweg Niederwald gewesen sein, nur an vereinzelten Stellen fand sich, wie eine Oase in der Wüste, Hochwald. So war im Jahre 1525 die Vogelstange der Olper Schützengesellschaft umgefallen und zerbrochen. In den ganzen Olper Waldungen war kein Baum vorhanden, der als Ersatz genommen werden konnte. Deshalb richtete obiger Verein ein Bittgesuch an die Pfarrkirche in Rhode, um aus deren Waldbeständen einen geeigneten Baum fällen zu dürfen. Ein ähnliches Ansinnen wurde an Rhode gestellt, als die Olper Stadttürme gebaut wurden, es fehlte an einem Baume, den man dazu benutzte, um Mauermaterial zu den Arbeitsstätten hinauf zu ziehen. So könnten wir noch eine Reihe ähnlicher Fälle anführen, in denen es an Bauholz mangelte und man deshalb aus anderen Gegenden sich dieses verschaffen mußte.

Wie der Niederwald benutzt wurde, entzieht sich unserer Kenntnis, doch wird ein großer Teil zu Holzkohlen verarbeitet und die Kahltriebe dann zur Kornerzeugung und Weide benutzt worden sein. Von Haubergen ist erst sehr spät die Rede. Diese Bezeichnung fanden wir zuerst in einer Beschwerdeschrift der Bewohner von Altenkleusheim aus dem Jahre 1704, die darüber Klage führten, daß die fürstlich-nassauischen Einwohner von Krombach sich weigerten „den Schatz [1]) zu geben" von den Haubergen, die im Kurkölnischen liegen.

Die Bezeichnung „Hauberg" ist im Olper Land wohl erst später aus dem Siegerland übernommen worden, hier nannte man diese meistens „Hagen", als solche finden wir sie zuerst 1483 im Güterverzeichnis der Roder Pfarrkirche, in dem es heißt:

„in dem Kyrspel van rade item en hoff zodem hale dar philip itzent zo der tzyt off sytzyth, item eyne hagen ofen in der mollenslaghe".

Nach den Urkunden ist die weitere Entwicklung etwa folgende: Die genossenschaftliche Bewirtschaftung, die wir nach der Aufteilung der Markenwälder finden, hat gegen die Mitte des 16. Jahrhunderts aufgehört. Nur an einigen Stellen, wo die Hütten- und Hammerwerke in besonders großer Zahl vorkamen, bestand sie in beschränktem Umfange weiter und bedingte, daß in diesen Bezirken die Waldverwüstung weniger Platz griff. Doch erstreckte sich der genossenschaftliche Zusammenhang nicht auf allen Grundbesitz der Gemeinde, sondern nur auf einen geringen Prozentsatz derselben. Die Besitzer der gemeinschaftlich bewirtschafteten Flächen werden wohl Hüttenbesitzer gewesen sein, die sich auf diese Weise ihren Kohlenbedarf möglichst sichern wollten. Man bezeichnete sie als „Konsortenschaft" und besaß diese die betreffenden Flächen im Gesamteigentum mit ideellen Anteilen. Der Grundbesitz der Konsortenschaft bildete aber nicht ein in sich geschlossenes Ganze, sondern die Flächen lagen im bunten Gemisch mit anderen, sodaß eine einheitliche Kultur und Pflege unmöglich war, zumal ausgedehnte Huderechte auf ihnen lasteten.

Als die Eisenhämmer aus den Händen der Bauern in den Besitz eines einzelnen übergingen, behielt man die gemeinsame Nutzung des Holzbestandes bei, ließ aber an den meisten Stellen die bislang betriebene Niederwaldwirtschaft fallen und ging zum Hochwaldbetrieb über. So ist die jeglicher Begründung entbehrende Meinung entstanden, daß die Konsortenstücke ständig Hochwald gewesen wären.

Die betrübenden Zustände, die in den forstlichen Verhältnissen des Olperbezirkes infolge des schrankenlosen Schaltens und Waltens entstanden waren, haben in den Jahren 1750—1755 die Einwohner der Stadt Drolshagen dazu gebracht, ihren Waldbesitz genossenschaftlich zu bewirtschaften. Analog den Siegener Hausbergen ließ

---

1) Sogenannte Schatzungen wurden früher mit Bewilligung der Landstände ausgeschrieben und teils verkauft oder verlehnt.

2) Originale im Königl. Staatsarchiv Münster, Herzogtum Westfalen, Olpe.

man das Privateigentum untergehen und nahm an dessen Stelle ideelle Anteilberechtigungen an. Die Berge wollte man in einem 12 jährigen Turnus nutzen; da aber der Grundbesitz zu weit auseinander gezogen und dazu arg parzelliert war, bildete man zwei Genossenschaften, eine, die eine zwölfjährige Umtriebszeit innehielt und sich deshalb „Zwölfer Jahnschaft" nannte, während die andere nur elf Jahresschläge bildete und als „Elfer Jahnschaft" eingetragen wurde. Beide Genossenschaften setzten sich aus denselben Mitgliedern zusammen. Die Verteilung der jährlichen Nutzungen nach den Idealanteilen „war wegen der weitgehenden Parzellierung eine schwierige Sache". Hieraus müssen Streitigkeiten entstanden sein, die eine Unordnung und Regellosigkeit hervorriefen, sodaß die Bürger im Jahre 1802 es „vor dienlich und nutzlich" befunden haben, die Idealanteile in Realanteilen umzuwandeln. Jeder erhielt die Parzellen, die er im Jahre 1802 nutzte, als erbliches Eigentum. Den genossenschaftlichen Charakter wahrte man insoweit, als alle Genossen zur Einhaltung eines bestimmten Betriebsplanes verpflichtet waren.

Die alte Schlageinteilung lag diesem zugrunde; man nutzte in einem Jahre nur einen bestimmten Schlag, „Jahresschlag genannt". Während aber bei der ideellen Nutzung jedem eine bestimmte, jedes Jahr wechselnde Fläche angewiesen wurde, erhielt jetzt der einzelne immer dieselbe Fläche wieder. Dies hatte indessen manche Mißstände im Gefolge. Denn die Vererbungssitten verursachten einen ständigen Wechsel in der Größe und Lage der Parzellen, sodaß wir in diesem Jahre vielleicht 180 Parzellen in einem Jahresschlag finden, übers Jahr dagegen 200 oder mehr. Die Flächen, die der einzelne besitzt, sind oft so klein und von solch unwirtschaftlicher Form, daß eine forstmäßige und rentable Nutzung ausgeschlossen ist. Bei ideeller Nutzung fällt dieser Übelstand fort. Während auch hier die Berechtigungsanteile vererbt und zerstückelt werden können, übt doch diese Kleinteilung keinen solchen Einfluß auf die Benutzung aus, da einem jeden an einer Stelle so viel zugewiesen wird, als sein Anteil beträgt. Ist die Berechtigung einzelner Genossen sehr klein, so gibt man ihnen kein privates Nutzungsrecht, sondern nimmt die Bewirtschaftung auf gemeinsame Kosten vor und verteilt alsdann den Geldertrag an die Betreffenden.

Noch an einem anderen Fehler krankten die Drolshagener Jahnschaften. Man glaubte ohne eine energische Leitung, die eventuell gegen Säumige mit empfindlichen Strafen vorgehen konnte, auszukommen und bildete deshalb keinen Vorstand. Die Genossen kamen je nach Erfordernis zusammen und berieten alle einschlägigen

Fragen gemeinschaftlich, wobei jeder gleiches Stimmrecht hatte. Der Mehrbegüterte war durch diese Einrichtung im Nachteil, denn sein Interesse deckte sich nicht mit dem der Minderbegüterten, und die Forstberichte führen lebhafte Klage darüber, daß aus Rücksichtnahme auf diejenigen, die keine Weide und Wiesenflächen besaßen, umfassende Hudevergünstigungen in den Haubergen gewährt werden müßten, bei denen weder an eine Pflege der jüngeren Kulturen, noch an eine Schonung der alten Bestände gedacht werden konnte.

Jeder Jahresschlag zerfiel wieder bei der „Zwölfer Jahnschaft" in 23, bei der „Elfer" in 30 Parzellen, „Steinloose" genannt, weil der Umfang dieser Loose durch Grenzsteine bezeichnet war. Dieselben wurden auch später im Grundbuch als selbständiges Objekt behandelt. Dieses war notwendig, weil die einzelnen Steinloose verschiedene räumliche Ausdehnung hatten.

Die einzelnen Steinloose zerfielen wieder in 256 Anteile, die selten in einer Hand vereinigt waren, sondern sich meist unter 6—14 Personen verteilten. Die Anteile der Genossen an einem Steinloose wurden in ein Bergbuch eingetragen, damit jeder seinen Besitz leicht ersehen konnte. So verteilt sich z. B. im Schlag I das Steinloos I der XII. Jahnschaft unter:

1. Krämer, Franz $^8/_{256}$ Anteile
2. Bertram, Heinrich $^8/_{256}$ „
3. Dallwig, Franz $^{47}/_{256}$ „
4. Alterauge, Rudolf $^{96}/_{256}$ „
5. Alterauge, Ernst $^{97}/_{256}$ „

Bei der Nutzung erhielt demnach No. 1 Teile 1—8; No. 2 Teile 9—16; No. 3 Teile 17—63 usw. Es wurde nun 1802 Gebrauch, daß jeder in dem Steinloose nach Jahren die Fläche wieder erhielt, die er bei der vorjährigen Nutzung inne hatte. Die Drolshagener Jahnschaft vermochte nicht dem Verfall der Wälder Einhalt zu tun, weshalb wir an der Wende des 18. Jahrhunderts auch hier dasselbe Bild finden, wie in den übrigen Gemeinden des Olper Niederwaldbezirkes.

Zu jener Zeit sah der Waldbestand traurig aus, wenn man überhaupt noch von einem solchen sprechen konnte. Der Eigentümer zog nur geringen Gewinn von seinen Bergen. Denn da es an Aufsicht mangelte, handhabten hauptsächlich Holzdiebe die Forstwirtschaft, und die Viehherden, die tagtäglich in die Berge getrieben wurden, ließen keinen Nachwuchs hochkommen. Es schien, als wenn man es darauf abgesehen hätte, allen Holzbestand geflissentlich zu vernichten[1]).

---

1) Treffend schildert die Begründung des hessischen Forstgesetzes von 1810 den Zustand der Berge:

Weite Wüsteneien und Ödländereien, die nichts als Haidekraut und Ginsterbüsche trugen, bedeckten die Berge und übten einen solch schädigenden Einfluß auf das Klima aus, daß die meisten Bäche in den Tälern im Sommer versiegt, im Winter und Frühjahr aber reißende Gießbäche waren, die auf ihrem Laufe alles zerstörten. Wegen des Wassermangels waren die Hüttenwerke und die Mühlen nicht mehr befähigt zu arbeiten und nicht mit Unrecht sagt das Gesetz von 1810 „unabsehbares Elend droht dieser Gegend, wenn nicht unverzüglich Gegenmittel ergriffen werden".

Der Kreis Olpe hat bis zu dem Jahre 1802 des Segens einer sich für die Verhältnisse der Gegend interessierenden Regierung entbehrt. Die kurkölnischen Erzbischöfe ließen dem Lande die größte Freiheit, trotz der lebhaften Klagen, die von manchen Seiten geführt worden sind. Sie erließen wohl Ermahnungen, in denen sie sich mißfällig über die Benutzung der Waldungen äußerten; im Jahre 1786 erschien sogar eine Verordnung, die die eingeschlichenen Mißbräuche untersagte. Doch war die weltliche Macht des Erzbischofs so gering, daß dieser Erlaß keinerlei Beachtung fand. Der Großherzoglich hessischen Regierung blieb es vorbehalten, eine Neuregelung der Waldwirtschaft anzubahnen, indem sie am 6. Januar 1810 ein Forstgesetz erließ, das große Umwälzungen auf dem hier in Rede stehenden Gebiete hervorrief.

B. Die Entwicklung der Haubergswirtschaft nach Erlaß des hessischen Forstgesetzes im Jahre 1810.

Kurze Zeit nach der Besitznahme des Herzogtumes Westfalen durch die hessische Regierung ließ die hessische Forstverwaltung den Kreis Olpe und die angrenzenden Gebiete durch einen Sachverständigen bereisen. Auf Grund des über diese Reise gegebenen Berichtes entstand das Forstgesetz vom 6. Januar 1810, das in dem Justizamte Olpe eine Regelung der forstlichen Verhältnisse einführen

---

„Der größte Teil der Waldungen in Unserem Amte Olpe ist durch Teilung in kleine Stücke, durch forstwidrige Behandlung, durch Mangel an Forstschutz und durch ungeregelte Weideberechtigungen verwüstet und unabsehbares Elend droht dieser Gegend, deren Subsistenz so sehr von der Holzkultur ist, wenn nicht unverzüglich zweckmäßige Gegenmittel ergriffen werden. Die Erfahrung hat gelehrt, daß diese Mittel weder durch den Willen Einzelner, noch durch Vereinbarung der Gemeinden erlangt werden können. Wir sind daher genötigt, zur Erhaltung und Verbesserung eines Nahrungszweiges, wovon die Existenz der Bewohner jener Gegend so wesentlich abhängt, Unsere Wirksamkeit eintreten zu lassen und hierdurch die Hindernisse zu entfernen, welche aus dem kollidierenden Eigennutze Einzelner für das Beste des Ganzen entstehen."

1) Das ehemalige Justizamt Olpe umfaßte die heutigen Ämter Olpe, Drolshagen und Wenden.

wollte. Nach dem Wortlaute des Gesetzes sollte das ganze Gebiet in sogenannte Forstbezirke eingeteilt werden, deren räumliche Größe sich an die einzelnen Gemeindegrenzen anlehnen sollte, sodaß jede Gemeinde für sich einen abgeschlossenen Forstbezirk bildete. Ferner schrieb das Gesetz von 1810 vor, daß in jedem entstandenen Bezirke eine Haubergsgenossenschaft gebildet würde. In diese mußten alle Besitzer von Flächen, die zur Zeit mit Holzgewächsen bestanden waren oder öde und brach lagen, als Mitglieder einbezogen werden. Nur die Eigentümer von größeren, zusammenhängenden, in guter Kultur befindlichen Hochwaldstücken, sowie alle kleineren Besitzungen, die von Acker- oder Wiesenflächen umgeben waren, blieben ausgeschlossen. Diejenigen Flächen, die zur Genossenschaftsbildung benutzt wurden, sollten abtaxiert und den Besitzern in der Höhe des Wertes ihrer Grundstücke eine Anteilberechtigung an allen Rechten und Pflichten der Genossenschaft zuteil werden; dafür ging aber das persönliche Eigentum an den eingeworfenen Grundstücken verloren. Nach dem Wortlaute des Gesetzes wurde die Verwaltung so geregelt, daß die Oberaufsicht einem neu anzustellenden Oberförster übertragen wurde. Dieser setzte nach Anhörung der Vorstandsmitglieder der Genossenschaft den Kulturplan fest, für dessen Einhaltung die letzteren Sorge zu tragen hatten.

Dieses ist in kurzem der Inhalt des Gesetzes vom 6. Januar 1810, das eine gänzliche Umgestaltung der forstlichen Betriebsweise zur Folge hatte.

Infolge der unruhigen Kriegszeiten, die zu damaliger Zeit die Bevölkerung Europas bewegten, konnte nicht zu einer sofortigen Ausführung der Bestimmungen geschritten werden. Die Wirksamkeit der Forstaufsichtsbehörde war in den ersten Jahren im allgemeinen darauf beschränkt, den forstlichen Betrieb zu ordnen, einen tüchtigen Forstschutz zu handhaben, Schonungen anzulegen und für die Anpflanzung der Ödflächen zu sorgen. Auch mit der Konsolidation der Hauberge und mit der Ausgleichung und Aufhebung der Koppelhude hatte man begonnen, als das Jahr 1816 die ganze Unternehmung zum Stillstand brachte. In diesem Jahre kam das Herzogtum Westfalen an die Krone Preußen. Dieser Staat aber war so sehr mit wichtigeren inneren Angelegenheiten beschäftigt, daß lokale innerpolitische Bestrebungen zurücktreten mußten. Zudem war die Olper Bevölkerung dem von Preußen übernommenen Forstgesetz von 1810 wenig gewogen und bereitete den mit der Ausführung der Bestimmungen betrauten Beamten große Schwierigkeiten. Die ganze Sache geriet ins Stocken, die Forstaufsichtsbehörde löste sich auf, nur die herrschaftlichen, Gemeinde- und Institutenwaldungen wurden der angrenzenden Revierverwaltung Bilstein unterstellt. So hatte man denn wieder die früheren traurigen Zustände, daß jedermann den Wald nach Belieben nutzen konnte. Nur dem unermüdlichen und selbstlosen Ausharren des seines Amtes enthobenen Oberförsters Müllendiek ist es zu danken, daß wenigstens die abgeholzten Flächen nicht unaufgeforstet blieben. Daneben suchte Müllendiek die Regierung unter Hinweis auf die drohenden Gefahren zu einer Neuregelung der forstlichen Verhältnisse zu bewegen. Anfangs verhielt sich die Regierung zu den Wünschen und Vorschlägen Müllendieks ablehnend, da man glaubte, daß die Aufhebung des persönlichen Eigentums, wie es die Haubergsgenossenschaften bezweckten, dem freiheitlichen Sinne der Stein-Hardenbergschen Gesetzgebung, die man eben erst geschaffen, zuwiderlaufe und eher einen Rückschritt bedeute, als eine Verbesserung. Erst als der rührige Oberpräsident von Westfalen v. Vinke auf einer Visitationsreise durch den Kreis Olpe sich durch den Augenschein von der Haltlosigkeit der eingetretenen Verhältnisse und der Notwendigkeit baldiger Abhülfe überzeugte, wurde im Jahre 1821 eine Verordnung erlassen, die kurzerhand die Ausführung des Gesetzes von 1810 befahl.

1. Die Bildung der Olper Haubergsgenossenschaften.

Zur Zeit des Erlasses des hessischen Forstgesetzes von 1810 fanden sich im Kreise Olpe zwei Formen von genossenschaftlicher Haubergswirtschaft die Drolshagener Jahnschaften mit realer und die Konsortenschaften[1]) mit ideeller Nutzung. Durch die Verordnung von 1821 sollte nun allgemein eine Haubergswirtschaft mit genossenschaftlichem Betriebe eingeführt werden. Mit der Ausführung wurde der frühere Oberförster Müllendick betraut.

Bei der Bildung einer Haubergsgenossenschaft muß man zwei Phasen unterscheiden:

a) die Befreiung der zusammenzulegenden Stücke von allen darauf ruhenden Lasten, soweit sie nicht die späteren Genossen berechtigen;

b) die Konsolidation selbst.

Bevor man jedoch in dieser Sache irgend etwas unternehmen konnte, mußte die betreffende Bevölkerung, wenigstens der größere Teil, für die Neuerung gewonnen sein. Dieses sah Müllendick auch ein, und

---

[1) Die Konsortenschaften befanden sich im östlichen Teile des Kreises, besonders in der Gemeinde Rhode.

suchte er deshalb zunächst die Bewohner einer Ortschaft für die Konsolidation zu gewinnen, um durch ein augenscheinliches Beispiel die übrigen Gemeinden von dem Werte des Gesetzes zu überzeugen. Die Ansichten über die Zweckmäßigkeit des hessischen Gesetzes waren nämlich geteilt. Wenn man bedenkt, daß bis 1810 jeder die Berge nach Belieben nutzte, man sie vielfach sogar als herrenloses Gut ansah, ist es erklärlich, daß die gering Begüterten in der Konsolidation eine Schädigung ihrer Interessen erblickten. Nicht nur das freie Schalten und Walten in den Bergen sollte aufhören, sondern auch die Hudegerechtsame eine große Einbuße erleiden. Die Verständigen und die Mehrbegüterten erkannten aber dankbar die neue Verordnung an, da sie in ihr das einzige Mittel zur Besserung der traurigen Zustände ersahen. Zu den eigennützigen Ansichten der einzelnen Beteiligten kam dann, wenn man so weit war, daß die Konsolidation vorgenommen werden sollte, das Streben sowohl der Gemeinden als auch der Bauern hinzu, möglichst viel dabei zu profitieren. Deshalb war der Austausch und die Aufhebung der den Boden belastenden Gerechtsame das verwickeltste und schwierigste Geschäft.

2. Die Aufhebung der Koppelhuden.

Im Kreise Olpe hatten sich im Laufe der Jahre Huderechte weitgehendster Art entwickelt. So sind Fälle bekannt, daß auf den Fluren einer Gemeinde 46 andere Gemeinden Huderechte hatten, weshalb auf den besten Weideplätzen die Viehherden sich förmlich drängten. Es liegt auf der Hand, daß an solchen Stellen, wo an einem Tage 6—8 Viehherden nacheinander weiden, an irgend eine Kultur nicht zu denken ist, weshalb vor der Konsolidation der Hauberge alle Hudegerechtsame abzulösen waren.

War ein solches beschlossen, so versammelten sich die Beteiligten an einem bestimmten Tage in dem betreffenden Distrikte, um den Hudewert der abzulösenden Gerechtsame zu bestimmen. Fand sich hierbei, daß die Berechtigungsansprüche von der Gemeinde A gleich denen der Gemeinde B waren, so hob man die gegenseitige Gerechtsame einfach auf. Traf dieses nicht zu, so mußte den Mehrberechtigten eine Entschädigung gewährt werden, die man bei dem Mangel an Barmitteln in Grund und Boden gab. Die Größe der Fläche, die für die Hudegerechtsame gegeben wurde, bestimmte man folgendermaßen: Man war der Ansicht, daß auf einer gleich großen Weidefläche eine kleine Herde besser ernährt würde als eine größere, deshalb berechnete man den Wert der Weidetage der kleineren Herde höher als den für die größere Herde, indem die Hälfte der Differenz zwischen der Stückzahl der größeren und kleineren Herde zu letzterer hinzugezählt wurde; z. B. hatte bei gleichen Hütungstagen die Gemeinde A das Recht 20 Stück, die Gemeinde B 80 Stück einzutreiben, so wurden

zu $A \frac{80-20}{2} = 30$ Stück hinzugezählt; ihre Gerechtsamen verhielten

sich demnach nicht wie 20:80, sondern wie 20 + 30:80. Beträgt die gemeinschaftliche Hudefläche 2000 Morgen, so erhält A nicht

$\frac{2000 \cdot 20}{100} = 400$ Morgen, sondern $\frac{2000 \cdot 50}{130} = 769 \, ^{3}/_{13}$ Morgen. Auf die

gleiche Weise fand man auch die Entschädigungsansprüche bei ungleichen Hütungstagen und ungleichem Viehbestande. Wenn z. B. obige Herde A in 14 Tagen zweimal und die Herde B in dieser Zeit

nur einmal austreiben durfte, so erhielt $A \, \frac{2000 \cdot (50 \cdot 2)}{80 + (50 \cdot 2)} = 1111 \, ^{1}/_{9}$ Morgen

und $B \, \frac{2000 \cdot 80}{80 + (50 \cdot 2)} = 888 \, ^{8}/_{9}$ Morgen. Nachdem so die Berechtigungs-

ansprüche der Gemeinden festgestellt waren, wurde ein Verteilungsplan über die Abfindungen festgesetzt, wobei weniger auf die Größe des jedem zuzuteilenden Weidelandes gesehen wurde, als auf eine zweckmäßige Lage, die eine leichte Benutzung gestattete.

3. Die Konsolidation der Waldstücke.

Nachdem über die Aufhebung der Koppelhude und über die zu leistenden Abfindungen ein Rezeß aufgenommen war, begann das wichtigste Geschäft, die Konsolidation, deren Vornahme sich in drei Teile gliederte.

a) Die durch Abschätzung vorzunehmende Berechnung des Kapitalwertes jedes Haubergsgrundstückes nach der Flächengröße;

b) die Repartition des Kapitalwertes auf die Berechtigten;

c) die Zusammenstellung, was jeder Besitzer in der Repartition aus den einzelnen Stücken erhalten soll und die Berechnung der Idealanteile.

Nach der Vorschrift des Gesetzes von 1810 soll aus allen Holzgründen eine einzige gemeinschaftlich besessene Masse gebildet werden, an der der einzelne ein Nutzungsrecht erhält, das dem Werte der abgegebenen Fläche entspricht. Um diese Beteiligungsansprüche feststellen zu können, muß eine Taxierung der Grundstücke vorgenommen werden. Diese kann entweder so geschehen, daß man den Katasterreinertrag zugrunde legt oder eine Abschätzung des Wertes jeder Parzelle durch Taxatoren vornimmt. Letzteren Weg schlug man ein, da die Bodengüte und die Bestockung der Parzellen eine sehr ungleiche war. An der Abschätzung beteiligten sich alle, die Grundbesitz hatten, der in die Genossenschaft hineingezogen wurde, nur Minderjährige und nicht mit dem forstlichen Betriebe Vertraute wurden ausgeschlossen.

Waren alle vorbereitenden Arbeiten erledigt, so schritt man zur Taxation, die auf originelle Weise vorgenommen wurde. Es erhielt nämlich ein jeder ein Holzstäbchen, das mit weißem Papier überzogen war. Auf diesem war eine Wertskala angebracht, deren niedrigste Zahl den geringsten Wert und die höchste Zahl den größten Wert des Bodens und Holzbestandes pro Quadratrute anzeigte. Jede abzuschätzende Parzelle wurde auf alle ihre Eigenschaften hin genau besprochen und dann zeigte jeder Beteiligte dem das Taxgeschäftleitenden Oberförster die Zahl auf dem Holzstäbchen an, die er für den Wert einer Quadratrute des Stückes hielt. Durch Division der Summe der Schätzungen durch die Anzahl der Taxatoren erhielt man den Durchschnittswert einer Quadratrute des Grundstückes. Auf diese Weise ermittelte man leicht und zutreffend den Wert der Haubergsgrundstücke, wobei man alle Streitigkeiten leichter vermied, als wenn die Taxation nur von zwei oder drei Vertrauensmännern vorgenommen wäre.

Die Nutzung der Haubergsmasse soll von den einzelnen Genossen persönlich geschehen, es muß also in jedem Jahre eine Verteilung des Jahresschlages vorgenommen werden. Diese wäre eine zeitraubende und umständliche Arbeit, wenn man die Verteilung nach der Größe und dem Geldwert der Fläche, die der einzelne in die Genossenschaft gegeben hatte, vornehmen müßte. Durch die Realteilungssitte bedingt, wäre eine Unordnung in den Berechtigungsansprüchen und damit Zank und Streit, die unausbleibliche Folge gewesen. Deshalb suchte man die Berechtigungsgröße der Genossen durch eine ideelle Größe auszudrücken, die sowohl die räumliche Ausdehnung der eingeschlossenen Fläche als auch den Geldwert ausdrückte. In den meisten Fällen bezeichnete man die Idealgröße mit einer Geldsumme, man sagte z. B. der ganze Hauberg ist 4320 Taler groß. Entsprach das Resultat der Taxation etwa einer Summe von 17 280 Mk., so war ein Taler 17 280 : 4320 = 4 Mk. wert. Hatte nun jemand 86,40 Mk. Haubergsfläche in die gemeinschaftliche Masse gegeben, so erhielt er 86,40 : 4 = 21,6 Taler Anteile. War der Wert des Besitzes eines Genossen kleiner als ein Taler an Wert repräsentierte, so wurde der Taler entsprechend geteilt[1]).

---

1) Ein jeder bekam eben soviel Anteile aus der gemeinschaftlichen Masse wie der abgeschätzte Wert seiner Grundstücke sich zu dem abgeschätzten Werte aller Grundstücke verhielt.

Durch die Benutzung von Idealanteilen war man auch bei späteren Teilungen in der Lage leicht und schnell jeden Anteil eines Genossen ermitteln zu können.

Wenn die Idealanteile aller Beteiligten festgelegt waren, dann wurden diese in ein Lagerbuch eingetragen, auch bemerkte man meistens die wirkliche Größe des früheren Einzelbesitzes dazu. Über den Konsolidationsverlauf mußte ein Protokoll aufgenommen werden und sobald die Regierung dies bestätigte, war die Genossenschaftsbildung vollzogen.

Eine Vergleichung der heute vorhandenen Haubergsgenossenschaften mit der Zahl der Ortschaften, in denen nach dem Willen des Gesetzes solche gebildet werden mußten, ergibt, daß nur in einigen Gemeinden der Wille der Regierung zur Ausführung gekommen ist. Nur in 36 Gemeinden sind im Laufe des verflossenen Jahrhunderts Haubergsgenossenschaften, „Jahnschaften", gebildet worden.

Von Anfang an boten sich der Durchführung der Konsolidation viele Schwierigkeiten. Infolge der herrschenden Spließteilung, bei der in Erbfällen der ganze Besitz aufgeteilt wurde, war eine große Anzahl von einzelnen Parzellen und Erben vorhanden. Die Grundstücke wanderten innerhalb weniger Jahre aus einer Hand in die andere, wodurch infolge des Fehlens eines Grundbuches die Ermittlung der rechtmäßigen Besitzer sehr erschwert wurde und eine große Ungleichheit in der Besitzverteilung entstand. Dazu kam, daß von Anfang an eine lebhafte Opposition gegen die Jahnschaftsbildung bestand[1]. Die

---

[1] Die Opposition bedingte in den Jahren von 1830—1850 weniger prinzipielle Abneigung gegen das Gesetz von 1810, sondern nur der Zwang, ohne Erlaubnis des Oberförsters nichts unternehmen zu dürfen. Den Forstkulturen widmete man sich sogar mit regem Eifer uud allseitigem Interesse. Im Hauen der Bestände wollte man aber freie Hand behalten, da damals hohe Preise für Holz bezahlt wurden und auch die Lohe hoch im Werte stand. Als aber 1860 die Holzkohle von der Steinkohle verdrängt wurde und die Holzkohlenpreise stark fielen, sind die Gemeinden auch sofort gegen die Neupflanzung. Die Lust zur Verbesserung der Holzschläge war verschwunden, die Leute meinten, der erzielte Ertrag decke kaum die Produktionskosten, deshalb müsse man nicht mehr als das nötigste Brennholz schlagen, die Anpflanzung der Kahltriebe aber ganz einstellen, dahingegen der Viehhude und der Streunutzung allen möglichen Vorschub in den Bergen gewähren. So wurde uns von einem alten Waldwärter erzählt, daß die Haubergsgenossen, wenn sie polizeilicherseits zum säen gezwungen wurden, das Saatgut, das die Regierung gratis stellte, vorher gedörrt hätten, um die Keimfähigkeit zu vernichten, den Kartoffeln, die der Staat anstatt Roggen anzubauen wünschte, stachen die Bauern die Augen aus. Dort, wo man nicht zu diesen Radikalmitteln griff, wurde der Fluch über die Saat ausgesprochen, jedoch muß die Macht der bösen Geister sich nicht über das Saatgut erstreckt haben, denn die Bestände entwickelten sich sehr gut. Wir führen dies nur an, um die Unfähigkeit der dortigen Bewohner zu selbständigem Disponieren zu zeigen, nur dem Augenblicke lebend, wirtschaften sie in ähnlicher Weise auch noch heute weiter.

Einberufung der Versammlungen, in denen über die Konsolidation beraten wurde, mußte durchweg seitens des Oberförsters geschehen, da die Interessenten sich beharrlich weigerten, über die Art und Weise der Ausführung des Geschäftes sich zu einigen. Ein weiteres wesentliches Hindernis erwuchs der Konsolidation aus dem Umstande, daß nach dem Gesetze vom 11. Februar 1846 die Gebühren der Um- und Fortschreibung im Kataster, sowie die Vermessungskosten die Jahnschaft tragen mußte. Die Genossen waren durchweg dürftige Leute, denen die immerhin großen Kosten schier unerschwinglich waren.

Das Interesse der Regierung für die Jahnschaftsbildung schien auch Ende der vierziger Jahre erlahmt zu sein, denn nach dem Tode des Oberförsters Müllendiek blieb die Stelle zunächst eine Reihe von Jahren unbesetzt. Endlich hatten sich im Laufe der Zeit manche juristische Schwächen in dem Gesetz von 1810 fühlbar gemacht.

Im Jahre 1850 waren die Arbeiten soweit gediehen, daß überall die Grenzen der in dem Gesetze von 1810 vorgesehenen Forstbezirke gebildet waren; die Ermittlung und Feststellung der Idealanteile der Interessenten blieb jedoch aufgeschoben. Nur im südlichsten Teile, in den Ämtern Wenden und Olpe, waren Jahnschaften entstanden, im Rhoder Bezirk hatte man an den alten Konsortenschaften festgehalten und im Amte Drolshagen sich mit der Bildung der Forstbezirke, die nur einen gemeinsamen Hauplan, keine ideelle Nutzung hatten, begnügt. Auch in den 1802 gebildeten Drolshagener Jahnschaften war man nicht wieder, wie es anfänglich Gebrauch war, zu ideeller Nutzung übergegangen. Man bildete neben den bestehenden „XII.“ und „XI.“ Jahnschaften noch eine „VI.“ Jahnschaft mit 6 Jahresschlägen, weil sonst die Eigentümer der XII. Jahnschaft infolge der eingeführten 18jährigen Umtriebszeit, während 6 Jahren, keine Nutzung gehabt hätten. Wollte also jetzt jemand der XII. Jahnschaft in jedem Jahre eine Holznutzung haben, so mußte er entsprechend in der VI. Jahnschaft beteiligt sein. Bei der XI. Jahnschaft hat man eine solche Ergänzung nicht vorgenommen, weil die betreffenden Genossen durchweg auch in den beiden anderen beteiligt waren.

Vollständig geriet die Sache ins Stocken, als am 6. Juli 1875 die Regierung ein Gesetz, die Schutzwaldungen und Waldgenossenschaften betreffend, erließ. Dieses Gesetz bezweckt die Beseitigung der bestehenden Gesetzgebung über Privatwaldungen, gibt neue Vorschriften zur Erreichung des erforderlichen Waldschutzes und regelt die Waldgenossenschaftsbildung. Nach dem Gesetze vom 6. Juli 1875 wird:

a) als Regel das freie Bestimmungsrecht des Waldeigentümers über die Bewirtschaftung und Benutzung seiner Waldgrundstücke anerkannt;

b) Einschränkung des freien Verfügungsrechtes nur dann zugelassen, wo:

1. die Rechte Dritter und

2. bei Gemeinde-, Instituts-, Korporations- und Genossenschaftswaldungen die bestehenden und aufrecht zu erhaltenden Gesetze sie bedingen, oder wo

3. solche Einschränkungen zur Abwendung erheblicher Schäden für andere Grundstücke oder im Landeskulturinteresse erforderlich sind.

Hieraus ergibt sich, daß die bestehenden Jahnschaften, die dem Gesetze von 1810 entsprachen, ohne allen Zweifel weiter bestanden und der Staatsaufsicht unterlagen. Die Bildung neuer Jahnschaften wird aber, wenn auch nicht unmöglich gemacht, so doch — da vom freien Willen der Beteiligten abhängig — wenigstens sehr erschwert. Die Frage war nun die, ob auch die Drolshagener XII., XI., und VI. Jahnschaft, sowie die in der Jahnschaftsbildung steckengebliebenen sogenannten „Forstberirke", fürderhin als Waldgenossenschaften anzusehen seien, die dem Gesetze von 1810 entsprachen und damit fürderhin auch der Staatsaufsicht unterlagen. Sowohl die Drolshagener Jahnschaften als auch die Forstbezirke erfüllten zwar alle Anforderungen, die von einer Genossenschaft verlangt werden; so wurden sie durch die Forstdeputation als ihren Vorstand und durch den Oberförster unter Aufsicht der Regierung und des Landrates verwaltet; sie hatten durch die Flurwärter einen gemeinschaftlichen Forstschutz, sowie eine allgemein gültige Schlagordnung, nebst einer Regelung der Nebennutzungen, es fehlte nur, die durch Gesetz von 1810 vorgeschriebene ideale Nutzung [1]). Wenn die Beteiligten mit den gegebenen

---

1) Der § 23 des Gesetzes vom 6. Juli 1875 lautet:

Wo die forstmäßige Benutzung nebeneinander oder vermengt gelegener Waldgrundstücke, öde Flächen oder Heideländereien nur durch das Zusammenwirken aller Beteiligten zu erreichen ist, können auf Antrag: a) jedes einzelnen Besitzers; b) der Gemeinde beziehungsweise Amts-, Kreis- oder sonstigen Kommunalverbandes, in dessen Bezirke die Grundstücke liegen; c) der Landespolizeibehörde, die Eigentümer dieser Besitzungen zu Waldgenossenschaften vereinigt werden. Das Zusammenwirken kann gerichtet sein, entweder:

1. nur auf die Einrichtung und Durchführung einer gemeinschaftlichen Beschützung oder anderen der forstmäßigen Benutzung des Genossenschaftswaldes förderlichen Maßregel, oder

2. zugleich auf die gemeinschaftliche forstmäßige Bewirtschaftung des Genossenschaftswaldes nach einem einheitlich aufgestellten Wirtschaftsplane.

Verhältnissen einverstanden gewesen wären, so hätten ohne Zweifel die Forstbezirke als Waldgenossenschaften weiterbestehen können. Da aber dies nicht der Fall war, man vielmehr sich nicht um Schlagordnung und Weidebeschränkung kümmerte und sich sträubte, die notwendigen Unterhaltungskosten zu zahlen, kam es zum Prozeß und das Oberlandeskulturgericht erkannte, daß die Forstbezirke nicht den Anforderungen des Gesetzes vom 10. Januar 1810 entsprächen und damit nicht als Waldgenossenschaften anzusehen wären, die das Gesetz vom 6. Juli 1875 anerkannte. So schieden denn die Forstbezirke aus der Aufsicht des Staates aus. Ohne alle Einsicht und Überlegung begann alsbald wieder eine regellose Nutzung und die kurze Spanne Zeit von 15 Jahren genügte, um die Bestände zu verwüsten.

Um diesen unhaltbaren Zuständen ein Ende zu machen, begannen die einsichtigen Kreise schon bald danach zu streben, durch Schaffung eines Lokalgesetzes eine Neuregelung der betrübenden Verhältnisse zu ermöglichen. Nach vielen Schwierigkeiten gelang es ein solches zu schaffen, das am 3. August 1897 als Gesetz „die Regelung der Forstverhältnisse des ehemaligen Justizamtes Olpe" betreffend, erlassen wurde.

Dieses neue Forstgesetz ist speziell für den Haubergsbezirk im Kreise Olpe geschaffen, stimmt aber inhaltlich mit dem 1879 für den Kreis Siegen erlassenem Gesetze überein. Zunächst sind durch dieses Gesetz die Rechtsverhältnisse der Jahnschaften revidiert und festgelegt. Für die drei Drolshagener Jahnschaften wurde unter Belassung der Eigentumsverhältnisse bestimmt, daß alle für die Jahnschaften erlassenen Verordnungen, auch für diese maßgebend seien, und ebenso wurde für die Forstbezirke die Bildung von Waldgnossenschaften mit gemeinschaftlichem Hauungsplane bestimmt, für die die Staatsaufsicht obligatorisch ist.

Auf Grund dieses Gesetzes finden wir heute im Kreise Olpe zwei Formen von Waldgenossenschaften, die Jahnschaften mit Einschluß der Konsortenschaften und die Forstbezirke. Beiden Formen von Waldgenossenschaften ist gemeinsam:

1. Die Unterordnung unter den staatlich angestellten Oberförster;

2. Das Ruhen jeglicher Art von Nutzung, so lange der Oberförster seine Zustimmung zum Hauen usw. nicht gegeben hatte;

3. Die gemeinsame Aufbringung der Wirtschaftskosten.

Sie unterscheiden sich dadurch, daß bei den Jahnschaften die Anteile ideeller Natur sind. Der ganze Forstbezirk wird als ein einheitliches Ganze, das man als Genossenschaftsvermögen betrachtet, angesehen, während bei den Forstbezirken jeder sein Eigentum zur Benutzung hat. Nachfolgende Tabelle zeigt die im Kreise vorkommenden Jahnschaften, ihre Größe, Interessentenzahl und die ideellen Anteile.

No.	Sitz der Jahnschaft	Größe		Anzahl der Genossen	Die Jahnschaft ist eingeteilt	Gründungsjahr
		ha	a			
1.	Stadt Olpe	581	58	178	283 Aktien, Holzaktien	1820—1830
2.	Neuenkleusheim I . .	13	63	71	3466 Jahnschaftspfennige	1820—1830
3.	„ II . .	483	18	42	$565\,^{115}/_{360}$ Taler	1820—1830
4.	Altenkleusheim I . .	112	32	40	$153\,^{197}/_{360}$ „	1820—1830
5.	„ II . .	117	13	41	$105\,^{82}/_{360}$ „	1820—1830
6.	Thieringhausen	118	40	74	3600 Taler	1861
7.	„ Scheiderwald	24	28	—	4000 „	1865
8.	Günsen	86	20	12	97 Taler 25 Grosch. 8 Pfg.	1865
9.	Rohnard	150	58	17	3000 Taler	1860
10.	Dahl	136	45	—	3000 „	1856
11.	Saßmicke	96	88	—	3000 „	1856
12.	Rüblinghausen	188	82	—	4000 „	1856
13.	Husten	100	26	—	—	—
14.	Drolshagen XII . . .					
	„ XI . . .	268	47	—	reale Bewirtschaftung	1802
	„ VI . . .					
15.	Wenden	397	60	93	4320 Taler	1820—1830
16.	Möllmicke	117	68	50	1728 „	1820—1830
17.	Gerlingen	255	21	95	4320 „	1820—1830
18.	Hillmicke	369	87	124	4320 „	1820—1830
19.	Büchen	32	50	13	1600 „	1820—1830
20.	Brün	145	80	37	864 „	1820—1830
21.	Huppen	25	71	6	1200 „	1820—1830
22.	Schwartzbruch	7	78	8	600 „	1860
23.	Bebbingen	32	87	3	1200 „	1860
27.	Heid	260	45	37	2880 „	1860
25.	Rothenborn	29	31	3	60 „	1860
26.	Dringen	41	38	5	144 „	1860
27.	Dornscheid	89	73	9	2000 „	1860
28.	Ottfinger I	367	52	134	4320 „	1860
	„ II	64	57	119	4320 „	1860
29.	Hünsborn	594	05	155	1680 „	1860
30.	Altenhoff	281	76	87	4990 „	1860
31.	Girkhausen	78	38	3	30 „	1860
32.	Schönau	387	22	97	1496 „	1860
33.	Buhlerhof	85	64	4	— „	1860
34.	Ellben	172	43	32	2160 „	1860
35.	„ Scheiderwald . .	13	71	—	3000 „	1865

Lebenslauf.

Geboren bin ich, Alex Klutmann, zu Olpe i. W. Nach entsprechender Vorbildung auf der Landwirtschaftsschule Lüdinghausen und dem Gymnasium zu Münster i. W., widmete ich mich der Erlernung der praktischen Landwirtschaft auf den Gütern Himmelpforten bei Neheim und Rittergut Engar bei Warburg. Alsdann bezog ich die Hochschule Bonn-Poppelsdorf, woselbst ich die landwirtschaftliche Abgangspüfung bestand. Alsdann widmete ich mich auf der Universität Jena neben landwirtschaftlichen Studien besonders nationalökonomischen. Meine Lehrer waren in Bonn-Poppelsdorf: Freiherr von der Goltz, Gothein, Wolhtmann, Hansen, Laspeyers, Ludwig, Gieseler, Kreusler, Hagemann, Noll, Freiherr von la Valette St. George; in Jena: Pierstorff, Edler, Stahl.

CPSIA information can be obtained
at www.ICGtesting.com
Printed in the USA
BVHW091709201118
533618BV00022B/2886/P